LES DEUX GRANDES

PUISSANCES CONTINENTALES

DE L'EUROPE

MONTMARTRE. — IMPRIMERIE PILLOY, BOULEVARD PIGALLE, 50.

LES DEUX GRANDES

PUISSANCES

CONTINENTALES

DE L'EUROPE

PAR

MELLO.

Rien n'est plus agréable aux âmes bien nées que le langage de la vérité.

TACITE.

Il est bien temps que les peuples de l'Europe ne fassent qu'un corps.

(*Gazette de St-Pétersbourg*, 1859.)

PARIS

A LA LIBRAIRIE AMYOT, 6, RUE DE LA PAIX

1859.

LES DEUX GRANDES

PUISSANCES CONTINENTALES

DE L'EUROPE [1]

J'examine et compare la politique des puissances prépondérantes en Europe au même degré que la France, et je
veux établir les dissemblances de leur rivalité par rapport
à nous ; je recherche quels sont leurs intérêts respectifs,
leurs tendances véritables, le but vers lequel les pousse le
cours naturel des événements et des révolutions humaines.

Inébranlablement déterminé par des convictions philoso-
phiques et en dehors de toute influence des passions de
parti, j'ai dû me placer au point de vue d'un mouvement
européen qui ouvrira brusquemeut sans doute des horizons
nouveaux.

Le cours des événements semble précipiter l'accomplissement des faits qu'il me fut donné de prévoir, et j'estime
que le moment n'est pas éloigné où des traités internatio-
naux partageront l'Europe en deux grandes zônes principales.

Ce n'est point ici le lieu de prévoir les accidents sociaux
ou politiques qui pourront déterminer, pour un temps, la
constitution d'une zône intermédiaire ou centrale, et j'exa-

(1) Les considérations qu'on va lire, appuyées sur des faits historiques,
font partie d'un volume qui devait paraître en 1849, et que des causes, indé-
pendantes de ma volonté, m'ont empêché de publier. Comme elles sont à l'ordre
du jour et qu'elles ont une frappante analogie avec les circonstances actuelles,
je les livre aux méditations des esprits sérieux.

minerai d'ailleurs, dans la suite de cet aperçu, les questions de détail se rattachant à la question principale.

Je sais que les incidents jouent un rôle quelquefois essentiel dans les événements du monde ; toujours est-il que, si on regarde de haut le mouvement européen, on est amené à conclure que l'empire d'Orient promis encore à l'autocratie, ou celui d'Occident promis aux dictatures électives, s'agrandiront, l'un ou l'autre, des Etats qui leur sont limitrophes, selon que les principes vivants aux deux extrémités de l'Europe rayonneront plus puissamment autour d'eux.

Dans les deux cas, l'Allemagne sera le champ de bataille où viendront se heurter les deux idées aujourd'hui en présence.

Je raisonne au point de vue de la souveraineté populaire et de la suprématie intellectuelle triomphantes en Occident, et je dis :

S'il est une puissance au monde promise à de soudaines catastrophes, en face des principes destinés à amener une réglementation nouvelle des droits des travailleurs, — c'est l'Angleterre.

S'il est une puissance vouée aux gémonies, le jour où ceux qui ont créé de leurs mains la civilisation, en deviendront enfin les élus, — c'est l'Angleterre.

L'alliance anglaise, au point de vue des intérêts bien entendus de la prépondérance ouvrière et de la souveraineté de l'intelligence, est périlleuse.

Toutes les fois que l'Angleterre a mis la main à nos révolutions, c'est pour les perdre ; depuis soixante ans, elle est le mauvais génie de l'idée rénovatrice en Europe, et quand elle a flatté ou surexcité les instincts populaires, c'était pour s'en servir dans un intérêt particulier, pour les égarer après s'en être servi. Quand lord Minto, en 1847, eut mis le feu aux poudres en Italie et miné le trône pontifical pour la plus grande gloire de l'église anglicane, il retira la main qu'il avait tendue à l'indépendance italienne. Un an plus tard, la Grande-Bretagne avait atteint un double but ; elle avait humilié, amoindri un pape, encouragé l'Autriche et laissé aux mains de leur vainqueur les héroïques combattants de Venise (1).

L'Angleterre a les réfugiés sous la main, et cela sous prétexte de démocratie ! Quelle dérision !

Quel est le but incessant, unique, de la politique anglaise ? Que s'est-elle proposé de tout temps ? Que se propose-t-elle encore ?

Quand nous connaîtrons ses desseins, nous en jugerons la moralité.

L'Angleterre, dont la puissance principale est hors de chez elle, existe surtout par ses colonies. Chose étrange ! Avant l'insurrection des Cipayes, elle songeait à agiter dans ses conseils la question de savoir s'il ne serait pas d'une politique prévoyante de transporter dans l'Inde, à un

(1) Un journal anglais, *The Presse*, contenait un article remarquable qui a été reproduit par les journaux du 20 mai 1856, qui se rapporte à ce que j'écrivais en 1849 : « Lord Palmerston et lord Clarendon affectent d'être en« core les champions de la liberté italienne. Les espérances du parti constitu-« tionnel sont encouragées. Qui sait ? la chance peut tourner en leur faveur. « On se prépare à jouer encore le jeu misérable et honteux des vingt-cinq der-« nières années. Que l'Italie se tienne prête à profiter de la première occasion « pour s'insurger de nouveau ; et, lorsque l'occasion se sera présentée, qu'elle « s'attende à voir, une fois de plus, ses espérances et ses efforts noyés dans « son sang, tandis que le gouvernement anglais, tout en parlant de ses sym-« pathies, abandonnera les insurgés aux vengeances qu'ils auront attirées sur « eux. Cette politique perfide a déjà été la source des plus grands malheurs pour « l'Italie. La Sardaigne en a déjà été une première fois la victime ; est-elle « destinée à l'être encore ? Qu'y a-t-il de plus cruel que de flatter le peuple « italien d'espérances qui, au jour de la lutte, se changent toujours en décep-« tions ; et d'exciter son enthousiasme uniquement pour entretenir ici un reste « de popularité ou pour se donner le plaisir d'une insulte diplomatique ?

« Diviser les États, fomenter les jalousies, entretenir les anciennes bles-« sures, préparer de nouvelles complications, tenir l'Europe sans cesse armée, « en proie aux méfiances et aux embarras de toute sorte, telle est la tâche glo-« rieuse que l'administration de lord Palmerston semble s'être imposée. »

moment donné, le siége principal de l'empire britannique, ses arts, ses sciences, ses grandes productions!

L'Angleterre a pu voir grandir incessamment, depuis Pierre-le-Grand, la prépondérance de la Russie sur toute l'Europe orientale; pour retarder l'accomplissement d'un fait que le cours naturel des choses amène irrésistiblement, elle a recours aux mille ruses de cette politique tortueuse qui a toujours été dans les habitudes de sa diplomatie. Ne pouvant attaquer le tzar au centre de son empire, l'Angleterre l'attaque sourdement dans ses provinces reculées; attise la discorde entre des nationalités rivales ou menace sans cesse leurs frontières des agressions des États voisins, telle a toujours été la politique de la Grande-Bretagne. Le semblant d'appui qu'elle prête toujours perfidement aux populations hostiles à leurs gouvernements, n'a jamais été efficace et a précipité souvent dans leur ruine les partis généreux qui l'ont accepté.

L'Angleterre ne protége, selon l'occurence, les dissentiments entre les provinces et les métropoles, qu'afin d'affaiblir les deux partis et d'user à son profit exclusif, et dans ces combats incessants, les forces et les pouvoirs qu'elle redoute. Si, par exemple, elle a travaillé à entretenir dans les provinces danubiennes l'esprit de sédition, à surexciter les haines des Moldo-Valaques contre le protectorat russe; à envenimer d'une part les indigènes contre les troupes d'occupation, et, d'autre part, à surexciter, au sein de celles-ci, l'esprit de représailles contre les indigènes, c'est qu'elle espérait déterminer ainsi les populations roumaines à se jeter, à un moment donné, entre les bras de la Porte, qu'elle comptait traîner à sa remorque, sous prétexte de la prémunir contre les projets d'envahissement russe.

En définitive, était-ce l'indépendance de la Valachie ou de la Moldavie que se proposait l'Angleterre? Elle voulait tout simplement tenir en échec la puissance russe de ce côté, et, dans le cas d'une conflagration européenne, elle n'aurait pas manqué de pousser, dans la limite de ses forces, à la constitution d'une nationalité en dehors de la métropole. Pourquoi? pour dominer à son profit les provinces danubiennes, après les avoir isolées, leur imposer un traité de commerce, et s'assurer aux bouches du Danube un poste fortifié d'où l'on pût commander d'une part Odessa et de l'autre Constantinople. C'est au Caucase surtout que l'Angleterre cherche les points vulnérables de la Russie. Ses émissaires exaltent les sentiments de nationalité indépendante. Serait-ce donc que l'Angleterre ait souci de la liberté des peuples caucasiens? Eh mon Dieu! l'Angleterre estime, non sans raison, que le versant septentrional du Caucase serait pour elle une position inappréciable : de là, elle dominerait les bords de la mer Caspienne, depuis les montagnes jusqu'au Volga, et ce qu'elle convoite par-dessus toute chose, c'est le port d'Astrakan. Elle sait qu'Astrakan tend à concentrer de plus en plus le commerce de la Sibérie et de l'Asie-Mineure, au détriment de la route des Indes et du golfe Persique; elle sait que les forêts inépuisables du Caucase, ainsi que celles de la Finlande, sont le chantier des flottes russes, et voit d'un œil jaloux que la marine impériale est en mesure de défendre victorieusement le littoral baigné par la mer Caspienne. Elle rêve sans doute de pouvoir, un beau jour, serrer tout à coup Astrakan à la gorge et menacer Moscou même, en remontant le Volga.

Enfin, l'Angleterre n'ignore pas que la Perse et le Birman échappent à son influence et avant peu laisseront à découvert, de ce côté, ses possessions de l'Inde; elle n'ignore pas que l'entrée de sa flotte dans la mer Caspienne ne serait pas facile à effectuer, en cas de guerre; pour conjurer ce péril, elle cherchera à grouper les tribus nomades des Turkestans et fera chatoyer aux yeux de ces demi-barbares le riche butin des royaumes de Perse et des États indépendants de l'Indoustan.

Sur les bords du Tigre et de l'Euphrate, elle travaille à réveiller les vieilles rivalités des Osmanlis et des Persans et cherche s'il ne serait pas possible de détacher la Finlande de la Russie, en évoquant les vieux souvenirs suédois, sans réfléchir que les modifications survenues dans l'esprit des populations ne permettent pas de faire revivre les haines d'autrefois.

Le morcellement des nationalités est désormais un rêve irréalisable, mais l'Angleterre en est venue, par impuissance, à faire ce qu'on peut appeler des châteaux en Espagne... politiques, et elle songe, dans ses illusions, que des frontières de la Finlande, devenue hostile à la Russie, et vassale de l'Angleterre, on pourrait battre de boulets la statue de Pierre-le-Grand à Pétersbourg.

Enfin, comme les partis désespérés font ressource de tout, l'Angleterre ne manquera pas de se persuader à elle-même que si les colonies américaines russes n'ont aucune importance, elles en acquièrent par leur position géographique ; relient l'Amérique à la Sibérie et par conséquent à l'Europe ; elles forment une chaîne non interrompue arrivant jusque dans le voisinage des possessions anglaises du Canada, du Labrador et de Saint-Laurent. Alors, elle se demandera sérieusement si la Russie n'est point vulnérable sur ce point extrême du globe, et si la destruction des postes russes, la conquête des îles aléoutiennes, enfin la domination de la mer de Bering, ne lui assureraient pas les moyens infaillibles de serrer la Chine au Nord, comme elle l'est au Sud par les Indes, et de l'empoisonner à meilleur compte.

J'indique ici, sommairement et à grands traits, quelle est la politique anglaise à l'encontre de la Russie ; il ne faut pas s'étonner si elle n'a ni grandeur ni puissance, si elle dérive misérablement de cet esprit d'astuce et d'envahissement à petit bruit qui est le propre des peuples marchands et agioteurs, auxquels les grandes inspirations font défaut.

Ces idées, ayant cours dans le secret de telles chancelleries, ne peuvent êtres de nobles et généreuses idées ; elles ne peuvent résulter de ces fortes aspirations réservées aux races jeunes, désintéressées, croyantes ; c'est une politique caduque, en un mot. Mais je me demande quel intérêt peut avoir à tout cela la France, aujourd'hui constituée en vertu du principe de la souveraineté populaire ; je demande s'il peut y avoir entre celle-ci et l'Angleterre des intérêts communs, des sympathies communes ; je demande en quoi les projets de l'une peuvent coïncider avec les desseins de l'autre, et si au contraire le but qu'elles se proposent n'est pas, comme leur principe, diamétralement opposé? je demande enfin s'il peut y avoir une alliance durable et possible entre les classes personnifiant le travail et la puissance qui personnifie le plus brutalement le capital, entre les idées modernes et la réaction ?

L'Angleterre, comme toutes les puissances penchant vers leur déclin, après avoir atteint leur apogée, se débat dans un cercle d'impossibilités et de complications au moyen d'une politique sans avenir et sans portée. Refusant d'admettre que les puissances secondaires du Nord gravitent nécessairement autour de la puissance prépondérante qui groupe et leur sert de rempart dans l'Orient, elle cherche à faire prévaloir, sur le continent, un système de fractionnements indéfinis, et applique l'individualisme à la politique internationale. N'est-ce pas là la doctrine contraire de celle que cherche avec raison à faire prévaloir les systèmes tendant à élargir le cercle de l'unité !

Ce qui a toujours distingué la politique anglaise, et cet esprit dérive fatalement des conditions qui constituent sa puissance, c'est un esprit d'envahissement anormal. Je vais expliquer ma pensée.

L'Angleterre, circonscrite dans les étroites limites d'une île, ne peut, comme les États continentaux, chercher ou attendre un agrandissement régulier et rayonner pro-

gressivement autour de son centre, dans les mesures indi-
quées par les accidents géographiques et les assimilations
de races ; elle a jusqu'à nous poursuivi la conquête par la
domination commerciale, par l'assujétissement à ses marchés, par l'accaparement du monopole industriel. Son génie
a dû, peu à peu, dégénérer et devenir celui de l'intrigue,
de l'activité mercantile ; c'est ainsi qu'elle a rajeuni les
vices carthaginois et suppléé à la grandeur des résolutions
par les combinaisons astucieuses et je ne sais quelle avidité
fébrile qui a fait de ses habitants un peuple d'agioteurs de
la pire espèce ! La Grande-Bretagne n'est plus que la
grande Bourse de l'Europe et du monde.

N'est-il pas étrange, en vérité, de voir l'Angleterre pré-
tendre à une sorte de patronage universel en matière d'é-
mancipation sociale sur le continent ? Eh mon Dieu ! si elle
est si amoureuse d'indépendance et de progrès humani-
taire, pourquoi ne commence-t-elle pas à opérer sur elle-
même, en relevant l'Irlande de sa longue déchéance et de
son agonie ?

C'est la philantropie anglaise qui a inventé le système
pénitentiaire, c'est-à-dire l'hébêtement et la folie ! La mort
de l'esprit avant celle du corps, et alliant aux raffinements
de cruauté les raffinements de l'hypocrisie, elle annonçait
en même temps au monde qu'elle avait dessein de moraliser
le crime !

Tantôt elle impose par la force ses denrées répudiées, et
concluant ses marchés à coups de canon, elle met ses ballots
d'opium derrière un parc d'artillerie. La guerre ou de l'or,
dit-elle à la Chine, que je prends pour exemple ; c'est-à-dire
la bourse ou la vie ! (1)

C'est l'Angleterre qui jette flegmatiquement une insuffi-
sante pâture à l'Irlande, moins bien traitée que les porcs
engraissés pour les tables des armateurs et des banquiers !

(1) Les Anglais ont imposé aux Chinois l'empoisonnement par l'opium. Le
poison ou la mort ! (RASPAIL, *Manuel de la santé pour* 1849, p. 82.)

Demandez aux titulaires des archevêchés de Canterbury, d'Yorck, de Winchester, de Londres, où passe et va s'engloutir la meilleure partie des revenus publics! Les plus humbles d'entre eux n'évangélisent pas à moins de deux cent mille francs, les saints personnages! Et à côté de ces ministres réformés, s'il les faut croire! on ramasse par centaine le long des fossés de l'Irlande les sujets nus et sans pain de la Grande-Bretagne (1)! à deux pas de cette opulence que j'appelle ignomineuse, des êtres humains meurent littéralement de détresse et de faim! L'impassible magistrat verbalise et avec cette pruderie de langage qui n'appartient qu'aux Anglais, il étiquette le corps du défunt au moyen de cette formule d'une plaisanterie atroce : mort par la visitation de Dieu!

L'aristocratie anglaise, la plus insolemment avide qui soit au monde, est-elle bien amoureuse de libertés publiques, et croit-elle réellement à autre chose qu'à la satisfaction de ses vanités matérielles? Le clergé anglican est-il, par hasard, le clergé émancipateur par excellence, et l'héritier désintéressé du Christ qui n'eut pour disciples que ceux qui furent à la fois forts et humbles, simples et laborieux?

Partout vous voyez ces gens s'élever contre Rome! contre la cour de Rome, ainsi qu'ils l'appellent.

Pour soutenir la coalition contre la France; l'Angleterre a dépensé pendant les guerres de l'empire plusieurs milliards. Eh bien! précédemment à cet effort suprême fait contre nous, n'a-t-elle pas eu la main dans nos troubles civils en 89 et 93? Alors aussi elle incitait les passions populaires. Or, quels étaient sa politique et son but? toujours les mêmes : fourvoyer les partis, égarer les masses, multi-

(2) D'après M. Jules Duval, dans son rapport au congrès de Bruxelles, le 22 septembre 1856, en Irlande deux millions d'âmes sur huit ont abandonné une terre inhospitalière. Le nombre des pauvres inscrits a diminué des cinq sixièmes; de 600,000 qu'il était en 1850, il est tombé, en 1855, à 106,802 (Voir la la *Presse* du 26 septembre 1856).

plier les complications, déterminer des déchirements stéri-
les, se ménager par l'affaiblissement d'un adversaire redouté
ou une force relative, ou une proie plus facile.

L'Angleterre, en vedette sur son rocher, c'est l'écumeur
de mer à l'affût des sinistres ou guettant les combattants
aux mains, leur prêtant volontiers des armes pour vider leur
querelle, puis quand l'un est jeté à la mer, l'autre haletant,
mettant un double embargo et opérant le transbordement à
son profit.

Aussi le grand lord Chatam, père du fameux Pitt, eut-il
le cynisme de déclarer, en plein Parlement : « L'Angleterre
serait perdue si elle était toujours juste et si elle pratiquait
dans sa politique les principes d'une vulgaire équité. »

Je défie qu'on indique une seule occurrence dans l'histoire, si haut qu'on veuille remonter, de laquelle il ne résulte pas que l'Angleterre s'est mêlée notamment à notre
politique intérieure, ouvertement à notre politique exté-
rieure, que pour nous desservir ou nous trahir. Et cette influence funeste n'a pas seulement pesé sur nos pouvoirs
officiels, mais encore et surtout sur les partis tendant à ré-
générer les masses, à les relever de leur déchéance, à sanc-
tifier définitivement le gouvernement issu de la souveraineté de tous et de l'élection. Pourquoi? parce que nul
régime n'est plus mortel à l'olygarchie anglaise que la souveraineté prenant ses sources vives au sein du peuple, parce
que nul pays n'est plus inféodé que l'Angleterre aux vieux
us et coutumes émanés d'une tradition aujourd'hui décré-
pite et reposant uniquement sur le pouvoir de l'argent.
L'Angleterre sent bien qu'elle est perdue le jour où l'Occident de l'Europe intronisera les principes de la véritable
justice, c'est-à-dire la réhabilitation du travail, créateur et
martyr de la civilisation. Ce qu'il faut à l'Angleterre par-
dessus toute chose, c'est ce régime bâtard, appelé *juste
milieu*, ce régime de parlementarisme avocassier et sans
grandeur, aboutissant nécessairement à la corruption, à la

vénalité des consciences, aux jongleries de toutes sortes.

Il ne faut pas s'étonner, au surplus, de cet éternel antagonisme de l'Angleterre avec la France ; la première a tout à redouter de la seconde ; il semble qu'elles soient nécessairement rivales, ennemies par le fait seul de leur position géographique, et de leur voisinage même. De ce qu'elles sont limitrophes, il suit que le frottement incessant de leurs rivalités prend nécessairement un caractère palpitant d'hostilité ; de ce que leur puissance se balance à peu près, il suit que l'une cherche incessamment à prédominer sur l'autre par les ruses et les astuces diplomatiques, quand ce n'est pas par la guerre et la force, comme sous le premier Empire. Pour se menacer, elles n'ont, pour ainsi dire, qu'à étendre les bras et en définitive nous sommes placés sous le canon l'un de l'autre. L'Angleterre sent bien que la France, adossée aux deux mers, est pour elle et pour sa marine une rivale redoutable, pourrait le devenir plus encore depuis qu'une énergique impulsion a été donnée chez nous à l'organisation des forces navales. L'intérêt immédiat de la Grande-Bretagne est de tendre d'abord et avant tout à l'amoindrissement de la nationalité française. Le jour où le principe régénérateur des masses rayonnera de Paris aux capitales de l'Europe centrale, le jour où le fractionnement de l'échiquier européen aura fait place à une organisation plus large et par conséquent plus stable, où l'agglomération fédérative des peuples constituera un faisceau véritablement solidaire, ce jour là le système anglais périclitera, parce que l'Angleterre ne vit que des divisions continentales ; parce que sa puissance factice n'est qu'une puissance relative trouvant surtout sa raison d'être dans le morcellement, l'incohérence, la division et la multiplicité des nationalités continentales.

Je dis que la Russie n'est nullement placée dans les mêmes conditions vis-à-vis de nous ; je sais fort bien que comme l'Angleterre et au même titre, elle est menacée par le principe émancipateur qui remue les populations euro péennes, mais en définitive la puissance russe n'est nullement dans les mêmes conditions que la puissance anglaise.

Adossée aux déserts du nord et de l'est, entourée dans les régions qui forment ses ailes par des nationalités se mouvant dans sa sphère, elle est inexpugnable de ce côté; la collision et la guerre l'attendent seulement sur sa frontière européenne, de la mer Noire à la Baltique, ou en avant de ses frontières, si elle veut servir de corps de réserve aux rois coalisés. Quelque soit le sort des armes, elle n'est point exposée à l'avalanche, aussi directement que l'empereur d'Autriche ou les rois d'Allemagne, et en définitive, ce n'est pas elle qui est immédiatement menacée, sa position géographique la défend, et il faudra d'autres batailles, et gigantesques encore, sans doute avant que l'Europe méridionale et centrale forme une cohésion assez puissante pour constituer cette future fédération des peuples occidentaux destinés à tenir en échec l'empire du Nord.

J'indique, quelques pages plus bas, quel est, à mon sens, la marche générale qu'affecteront les événements, si un cataclysme probable survient en Europe. Toujours est-il que la distance qui sépare la France de la Russie, est une des causes pour lesquelles elles n'ont rien à redouter l'une de l'autre. Toutes deux étant des puissances continentales, il suit que placées à des pôles opposés, elles ne peuvent avoir des prétentions directement hostiles l'une à l'autre; l'Angleterre, au contraire, si elle n'existait pas à l'état de puissance coloniale et maritime, réduite à l'îlot qui est sa capitale, que serait-elle un peu plus tôt ou un peu plus tard? Une colonie française.

Elle le sent bien, et c'est pourquoi elle recule, dans la limite de ses forces, l'organisation des pouvoirs continentaux et ce qu'elle redoute et combat le plus, c'est l'organisation, une, solidaire, puissante de la démocratie de l'Europe régénérée, parce que cette puissance solidarisée lui serait mortelle.

Plus on considère le mouvement qui emporte, à leur insu
souvent, les populations européennes, et les modifications
que leurs passions ou leurs intérêts amènent autour d'elles,
plus on demeure convaincu que les Etats secondaires et les
nationalités de minime importance disparaîtront, se fondront peu à peu, seront absorbées dans des agglomérations
plus étendues.

Jusqu'ici les états secondaires ont formé sur le continent
européen une sorte de tiers-parti de classe moyenne dans
le grand tout européen; elles ont servi d'intermédiaire, de
contre-poids pour tenir en échec les influences trop envahissantes des grands Etats. En un mot, les nationalités de
second ordre, sont aux grandes monarchies ce que sont
dans les divers États, en France par exemple, la classe
moyenne; elles ont naturellement tendu à neutraliser, dans
une certaine mesure, l'action des grands empires, comme
la bourgeoisie,—cette force inerte, passive et inintelligente,
à faire digue aux empiétements des pouvoirs envahisseurs.
Eh bien! de même qu'un rapprochement incessant, une fusion progressive s'opère chez nous de haut en bas entre les
classes élevées et celles qui leur font suite, de même que les
couches de la société se mêlent incessamment, bien que
d'une manière insensible, ainsi le même phénomène se produit, se produira plus rapidement encore dans l'avenir entre les nationalités grandes et petites, abstraction faite de
tout esprit de domination despotique, des unes sur les autres.

L'unité agrandit indéfiniment son cercle; telle est la loi
du monde; je sais que ce n'est pas sans déchirement, et sans
luttes que s'opère cette incessante fusion des races; je ne recherche point ici les causes, je constate et discute peu. Depuis six mille ans, les discoureurs n'ont pu s'entendre et
n'ont jamais su borner leur horizon, pour l'embrasser d'un
coup-d'œil sûr.

L'Angleterre, après tout, sera dupe de son propre sys-

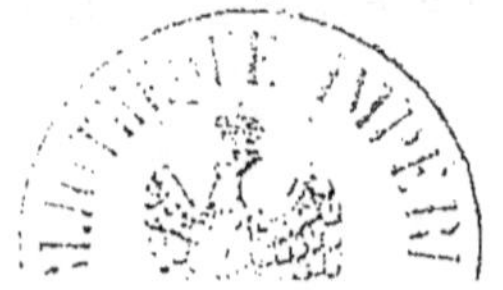

tème, tant les choses du monde prennent le plus souvent un courant inattendu, imprévu de ceux même qui sont le plus intéressés à le diriger. La Grande-Bretagne est destinée à jouer en Europe le même rôle qu'ont joué, chez nous, les membres du Parlement, faisant de l'opposition dans des vues d'intérêt purement privé; cherchant à distancer leurs concurrents et organisant à qui mieux mieux ce qu'on pourrait appeler la course au clocher ministérielle; ils étaient, sans s'en douter, les instruments des révolutions.

Celui qui écrit ces lignes a, dès longtemps déjà, signalé ces comédiens parlementaires de 1815 à 1848 : véritables jésuites de la politique active, ils passèrent leur vie à exploiter les crédulités populaires de ce temps, et sous prétexte d'aspirer à émanciper les masses, ils aspiraient seulement à la prééminence, aux grandes positions. En définitive, ils n'ont été, ces pauvres politiques, que les croque-morts de la monarchie (on me passera cette expression vulgaire); après le convoi, ils furent les pleureuses.

Eh bien! l'Angleterre remplit le même emploi vis-à-vis des monarchies européennes; elle se pose comme le Don-Quichotte politique des vaincus, elle les remet volontiers aux prises avec le vainqueur, et quand les combattants sont de part et d'autre suffisamment affaiblis, Don-Quichotte devient tout simplement, s'il le peut, le troisième larron de la fable, il distance vainqueurs et vaincus, et comme les candidats au ministère montaient à l'assaut du pouvoir, sous prétexte de libéralisme et de convictions humanitaires, ainsi, sous prétexte de redresser les torts des pouvoirs en exercice, elle prend en tutelle les dissidents et cherche à semer ses influences, à se faire, comme on dit vulgairement, des créatures pour les briser après, si elle y trouve un intérêt. A ce jeu qui doit perdre? C'est la Grande-Bretagne.

Là où il y a absence complète de principes, d'équité, de foi, il n'y a plus de garantie pour le plus faible, il est à la merci de la force qui le prend pour instrument sous prétexte de le protéger et il ne doit s'en prendre qu'à lui-même, si déjà éclairé par l'expérience du passé, il consent à subir les périls d'un tel patronage. Eh bien! la diplomatie anglaise remplit, à son profit en Europe, le rôle d'agent provocateur.

J'aime mieux, pour mon compte, un ennemi déclaré, me combattant en face, qu'un ami prétendu, se servant insolemment de moi, en attendant le moment opportun pour me livrer ou me trahir.

Je passe maintenant aux considérations se rattachant à la Russie dans ses rapports avec nous-mêmes.

Ce que j'ai cherché à établir dans les pages qui précèdent, c'est que l'Angleterre est la personnification brutale du système d'individualisme battu en brèche aujourd'hui.

Ce que j'ai cherché à établir, c'est que ce ne sera que sur les ruines de l'Angleterre que peut surgir le principe *associationiste;* enfin, entre la démocratie ouvrière et l'Angleterre, il ne peut y avoir alliance; il y a tout au plus un marché, c'est misérable.

Mais, objectera-t-on, la Russie, elle aussi, professe, et plus ouvertement encore, un principe d'autocratie directement opposé aux doctrines qui remuent l'Occident. — Je le sais et je réponds :

C'est précisément parce que la Russie professe plus ouvertement, c'est-à-dire moins hypocritement une politique en désharmonie avec la nôtre que je ne la redoute pas au même degré.

D'ailleurs, voici les raisons principales, matérielles qui me font présenter la question sous un tout autre point de vue que la question anglaise.

S'il dépendait de la France moderne de rayer de la carte l'empire moscovite, de mettre à néant son système gouvernemental; s'il suffisait, pour introniser à la place un état de choses selon nos mœurs, nos doctrines, notre foi, s'il suffisait, dis-je, de vouloir pour pouvoir, je dirais :

Jetons-nous tête baissée dans l'aventure; mais ce n'est

point ainsi que vont les choses humaines; je ne vois pas que les grands mouvements de races et de peuples aient jamais été le fait du hasard, de la précipitation des coups de dés; je vois, au contraire, en tout temps, un certain ordre présider à tous les grands événements signalés dans l'histoire, au moment même où la perturbation et le bruit des guerres semble exclure toute idée de régularisation et d'harmonie dans l'ensemble.

Le talent, la prescience de l'homme d'État consistent à préjuger les grandes crises pour les diriger et amoindrir la secousse, pour en régler jusqu'à un certain point les détails et la portée.

Eh bien! si je considère attentivement le travail des esprits, les tendances générales des populations à travers les mille influences, les milles passions qui les font mouvoir, je suis amené à conclure que la scission se fait peu à peu en Europe entre l'Orient et l'Occident.

On voit quelle est mon opinion vis-à-vis de l'Angleterre comme de la Russie. Je suis amené à conclure que, lorsque dans un hémisphère, deux civilisations, obéissant à deux principes divergents se trouvent en présence et prêtes à en venir aux mains, il est essentiel de considérer quelle est la situation respective des parties, leur position géographique, cela est, avant toute chose, essentiel, important, et c'est pour avoir méconnu cette vérité élémentaire que Napoléon Ier a échoué.

La Russie se trouve en contact avec une civilisation qui n'est pas la sienne, des mœurs qui ne sont point les siennes, des lois qui ne s'adaptent pas à ses populations; mais la Russie ne peut, en définitive, être que ce qu'elle est; elle est, pour ainsi dire, poussée sur ses derrières par des populations profondes et quasi barbares; adossée à ces populations, et participant jusqu'à un certain point de leur rudesse, de leurs aspirations instinctives vers un ciel meilleur, elle pèse depuis longtemps de tout le poids des masses qu'elle représente sur une partie de l'Europe centrale, elle s'écoule, à son insu par fois et par une pente insensible, du septentrion au midi, de l'est à l'ouest, et à mesure que ses populations s'agglomèrent, elle déborde sans pouvoir nous menacer sérieusement.

Eh bien! je dis que c'est là un travail normal; je dis que cela tient à une de ces grandes lois qui régissent l'humanité, qui mêlent les races et modifient incessamment les nationalités; une de ces grandes lois, enfin, qui finiront, en dernière analyse, par amener l'unité de peuple, de religion, de langue (1).

Est-ce à dire que j'évoque la conquête? Pas le moins du monde.

Je viens d'indiquer une loi générale; j'indique le but dernier et définitif, l'unité; mais il y a des étapes, et voici la halte qu'on peut prévoir. Elle n'aura lieu qu'après un des plus grands ébranlements des temps anciens et modernes.

Je crois à la régénération des races européennes dans un temps prochain.

La régénération ne peut advenir que par le fer et par la guerre, c'est une loi de l'humanité, jusqu'à nous du moins.

Je n'entreprends pas de l'expliquer ici ou de la justifier, je constate qu'ainsi l'apprend l'histoire. Après la renonciation et le sacrifice, après les guerres entreprises avec un but social, c'est-à-dire impliquant une foi, les mœurs s'épurent, les caractères se trempent, les cœurs s'élèvent, les sentiments s'ennoblissent. Il va sans dire que je ne parle pas de la guerre de conquête.

Dans le grand choc qui ne saurait manquer d'advenir, est-il possible que le principe d'ordre, émancipateur des travailleurs et du travail, prenant son élan de la France,

____

(1) Il est bien temps que les peuples de l'Europe ne fassent qu'un corps. (Extrait d'une gazette russe cité par l'*Univers* du 5 avril 1859.)

aille, d'un bond, jusqu'au fond de la Russie, l'enserre elle-même en traversant comme la foudre toutes les contrées intermédiaires, les entraînant à sa suite et formant, de toutes les races souffrantes et courbées à la peine, une immense avalanche qui renverse tout et implante sur ces ruines une civilisation sur d'autres bases, depuis le Guadalquivir jusqu'à la Néva? Non.

L'humanité a ses limites; chaque époque de l'histoire, quelque grandiose qu'on la puisse supposer, est circonscrite dans de certaines proportions; il y a plus, quand on poursuit un but à outrance, on le dépasse, on faillit à son œuvre; certaines choses sont possibles aux peuples à certaines époques; à outrepasser des proportions déterminées, on s'égare, on échoue, en laissant au hasard et aux aventures irréfléchies ce qui ne doit être donné qu'au jugement, à l'énergie de la raison.

Voilà pourquoi je pose à la révolution les colonnes d'Hercule; ces colonnes, les générations qui nous poussent les renverseront à leur tour.

Ainsi, j'enserre dans le cercle de l'action régénératrice tout le Midi de l'Europe.

Quant à l'Europe centrale, je m'en rapporte à la noble, à la vaillante Hongrie pour réveiller en sursaut l'Allemagne, lorsque le premier coup de canon aura retenti; du Guadal-quivir au Danube, des Pyrénées aux Balkans, ce souffle de Dieu, qui passe à certains moments à travers les populations subitement émues, remuera les couches des populations européennes. Ce jour-là, la guerre entreprise par les princes du second ordre pour raffermir leur domination menacée tournera contre eux-mêmes; ce phénomène étrange de la fusion des races à travers le sang se produira de nouveau; les armées régulières des pouvoirs en exercice se désorganiseront sous l'influence envahissante des idées ayant cours en Occident; les causes ou les prétextes qui auront mis les armées en ligne sous le commandement des chefs officiels feront place à des préoccupations tout autres, et par un travail inaperçu, irrésistible, pour peu que la guerre ait de durée, les populations tendront à se scinder en deux parties :

Là : Le principe du passé ;

Ici : Civilisation et suprématie de l'intelligence.

Je n'ai point à rechercher ici par quelles fluctuations probables passeront les nationalités, les races couvrant le sol de l'Europe jusque dans les régions rapprochées de la Russie méridionale. La Russie sera-t-elle refoulée en Asie par delà les Monts-Ourals ou, au contraire, empiétera-t-elle sur l'Europe centrale ?

Je n'ai point à rechercher ici quelles délimitations seraient plus naturelles, quelle législation pourrait s'adapter le plus opportunément à la grande unité continentale du sud ; je n'ai point à rechercher enfin, si entre l'Orient absolutiste d'un côté, et l'Occident progressif de l'autre, il ne se formerait pas une zône intermédiaire, comprenant en une seule confédération toute l'Europe centrale et destinée à séparer, pour un temps, les deux principes contraires, à leur servir de contrepoids, à créer un milieu provisoire, en vue de l'avenir.

Je traiterai ces questions ultérieurement; je voulais seulement indiquer ici, constater que dans la situation où se trouve aujourd'hui l'Europe, si les pouvoirs officiels ne la remanient progressivement et ne parviennent à ménager aux intérêts qui se heurtent des transitions sans secousses, alors la transition se fera brutalement.

C'est toujours ainsi que procèdent les affaires humaines, lorsque les pouvoirs officiels manquent à leur mission, alors les pouvoirs providentiels surgissent, la lumière se fait à travers les éclairs et la foudre !

Je ne dis pas que les événements que j'indique doivent nécessairement se produire, dans des conditions de cataclysme, je dis seulement qu'ils se produiront :

Ou diplomatiquement,

Ou par les armes.

Au surplus, si les gouvernements en viennent aux armes, ils seront démembrés par la guerre, parce que les peuples, en se mêlant, se constitueront dans des conditions plus propices à leur bien-être; si au contraire, ils maintiennent la paix, tout en conservant leurs armées sur le pied de guerre, ils succomberont à la banqueroute. Enfin, s'ils désarment, ils seront modifiés violemment dans leur configuration géographique et dans leurs institutions, et seront envahis par l'idée destructive des gouvernements rétrogrades.

Il n'y a pas d'autre alternative.

A cette œuvre, sous quelque forme qu'elle advienne, le parlementarisme sera nécessairement insuffisant; avocats et idéologues, rhéteurs et pédants, n'auront que faire au milieu de ce travail de réorganisation pratique. Dans ce monde de faits et de choses, ne pourront plus trouver leur place, ces prétendus hommes d'Etat, s'intitulant plaisamment *Conservateurs*, au milieu des ruines faites par eux-mêmes, ces torpilles de la politique qui ont frappé de mort tout ce qu'ils ont touché.

Le gouvernement des hommes n'est que la réglementation de leurs intérêts et de leurs besoins, parfois l'apaisement de leurs passions.

Gouverner, ce n'est point donner des spectacles de tribune, c'est agir et prévoir, c'est suivre et devancer parfois les phases probables de la civilisation, régler enfin et diriger ces grands courants des choses humaines qui mêlent ou séparent, confondent ou précipitent les uns sur les autres, les nationalités, les races, les pouvoirs dirigeants et les peuples.

Que cette œuvre surhumaine, en certaines circonstances, est au-dessus de la taille des prétendus hommes d'Etat de la double monarchie que nous avons vu fonctionner.

Si quelques rares et bons esprits ont brillé au milieu de

ce monde de petites choses et de petits grands hommes, il semble qu'ils aient dû être nécessairement traînés à la remorque de l'abâtardissement universel, et contraints de se mettre à l'unisson des hommes lilliputiens qui les entouraient. Ainsi la dégénérescence a dû aller croissant, jusqu'au moment ou l'excès même de cette dégénérescence en marqua le terme.

L'Europe étouffe, et avant qu'une politique véritablement unitaire s'intronise dans le monde et distribue les populations selon les zônes, les répartisse selon les convenances géographiques et agricoles, parvienne à les classer plus uniformément sans contrainte sur la surface du globe, jusques-là, dis-je, il faudra en Europe, plus d'une main ferme pour conjurer les périls, plus d'un esprit clairvoyant pour les prévoir, plus d'un grand cœur pour apaiser les esprits ou les subjuguer tour-à-tour.

Quand les passions aujourd'hui surexcitées auront subi l'apaisement que le temps amène, l'évidence des faits sociaux et politiques frappera plus clairement les esprits, et rattachera à la portion de la société que j'appellerai militante, l'immense majorité des populations, mais ce sera à la condition de moraliser le mouvement.

Eh bien ! en vue même de cette moralisation, il faut, à tout prix, planter le drapeau de la rénovation européenne, en avant du système bâtard de l'Angleterre.

L'idée ne peut être féconde et véritablement régénératrice, qu'à la condition de s'implanter dans la politique et dans les faits, indépendamment de l'Angleterre, en dehors de l'action anglaise, à l'encontre précisément de la politique anglaise.

Se traîner à la remorque de la Grande-Bretagne, accepter une sorte de vassalité, là est le péril.

Qui pourrait douter, au surplus, que l'Angleterre, si elle devait survivre au cataclysme d'où surgira une Europe régénérée, succomberait dans les luttes maritimes, vaincue d'une part par l'industrie française qui rivalise avec la sienne, et par la marine des États-Unis, qui lui dispute victorieusement déjà tous les marchés du globe ?

L'Angleterre recèle dans son propre sein le germe corrupteur qui a vicié les sociétés du continent; elle a intronisé, divinisé chez elle tout ce que nous avons mission d'abolir; elle est le foyer de toutes les putréfactions sociales qui font des gouvernements de l'Europe centrale autant de cadavres.

CHAPITRE II

Ce que j'écrivais, il y a plusieurs années déjà, en prévision des actualités du jour où nous sommes, aura, aux yeux du public, l'intérêt de l'à-propos et s'applique d'ailleurs aux éventualités prochaines. Le voici :

Je veux rechercher, dans ce chapitre, si le droit international et les relations diplomatiques ne devraient pas nécessairement s'harmoniser avec les théories progressives de fusion et d'unité qui surgissent malgré les passions contraires, ne devraient pas, dis-je, subir d'essentielles modifications.

J'examine d'abord si l'équilibre européen, — cette sorte d'épée de Damoclès toujours suspendue, — n'est pas une impossibilité, une chimère, ainsi que les équilibres de pouvoirs constitutionnels? s'il n'est pas, en un mot, un de ces systèmes transitoires qui sont, sans doute, dans les nécessités du moment, mais dont il faut prévoir la décadence, pour les remplacer par une situation politique qui donne au nouvel élément des sociétés, une base acceptée sans trop de violentes secousses.

Dans les sciences naturelles, les faux systèmes peuvent n'avoir que des conséquences inoffensives; l'ordre immuable des mondes n'en est point altéré; il n'en est pas ainsi pour la politique, cette suprême science ; là les expériences.

se font par les sociétés et consomment quelquefois le malheur de générations nombreuses ; cependant, c'est au sujet du gouvernement des hommes que le plus grand nombre de systèmes ont été imaginés peut-être ; comme cette science était conjecturale, l'arbitraire et l'expérience l'ont modifiée de mille manières. Les férocités de l'Angleterre dans les Indes pour soumettre ce pays à sa domination ; les guerres suscitées à la France par ce gouvernement depuis des siècles pour détruire l'industrie française ; le blocus continental imaginé par Napoléon Ier sans le concours et à travers les glaces et les armes de la Russie ; enfin, presque toutes les calamités qui ont pesé ou pèsent encore sur les nations, n'ont eu lieu que parce qu'on s'est opiniâtré à poursuivre l'exécution de fausses théories.

Pour que les nations puissent parvenir à se rapprocher, il faut que les hommes éclairés de tous les pays s'efforcent de détruire les préjugés qui empêchent encore les peuples de comprendre que la prospérité et le bonheur des uns sont étroitement liés à la prospérité et au bonheur des autres. C'est une telle politique que devrait inaugurer la diplomatie, en demandant aux besoins nouveaux des inspirations nouvelles.

L'analogie des situations politiques, des institutions, si l'on veut, est un besoin universellement compris par les puissances de l'Europe, et chaque jour ce besoin découle et résulte des circonstances que le temps fait surgir ; une dissemblance radicale est un danger pour l'État voisin.

On ne peut douter que l'unité n'agrandisse le cercle qu'elle étend patiemment autour d'elle depuis tant de siècles ; les grandes nationalités ont absorbé les petites divisions du régime féodal ; les mille fractions que cette organisation avait semées sur le territoire, sont venues se perdre dans de larges démarcations de limites. Le sol se scindait à l'infini pour ainsi dire ; la moindre barrière passée par la plus humble colline devenait une sorte de colonne d'Hercule au-delà de laquelle il n'y avait qu'un étranger, qu'un ennemi. Le temps a effacé ces nuances de l'individualisme, il a reculé jusqu'aux plus hautes montagnes, jusqu'aux plus larges fleuves, les limites qui parquent aujourd'hui les nationalités diverses; ces hautes montagnes s'abaissent elles-mêmes, et comme la France a réuni ses fiefs et ses provinces en un seul royaume, l'Europe un jour réunira ses peuples sous une même inspiration et centralisera le gouvernement des nations qui la composent.

Si, dans les temps où les grands empires de l'Europe étaient divisés en une multitude de petits États ennemis, un écrivain avait dit qu'il était de l'intérêt de tous de rester unis; qu'en se faisant la guerre ils se ruinaient mutuellement, et qu'ils seraient plus riches et plus puissants s'ils mettaient un terme à leurs discordes, il aurait probablement soulevé contre lui une multitude de passions et d'intérêts; les chefs et les soldats auraient parlé de la gloire de leurs armes, de la noblesse, du courage militaire; les financiers auraient parlé de l'avantage des douanes, de l'exportation du numéraire, de la balance du commerce; les fabricants de la nécessité des prohibitions, des primes d'encouragement, des compagnies privilégiées; enfin, tous auraient prétendu que l'intérêt de ces petits États était de rester divisés.

Le temps a fait son œuvre, et celui qui proposerait aujourd'hui sérieusement d'environner chacun des départements de la France, par exemple, d'une ligne de douanes, d'empêcher entre eux les libres communications, pour assurer à chacun la balance du commerce, de mettre partout une partie de la population sous les armes et de susciter la guerre de province à province, sous prétexte ou de les aguerrir ou de les enrichir, celui-là serait taxé de folie. Eh bien! ce qui est inadmissible pour les diverses parties d'un royaume, n'est pas moins absurde pour les diverses parties d'un continent, et l'état actuel de l'Europe, moins la France, puissamment organisée par la main ferme et habile de Napoléon III, présente-t-il autre chose que l'anarchie féodale établie sur de grandes bases ? Du reste, il est aisé de s'apercevoir que la plupart des peuples tendent à avoir des institutions sociales à peu près analogues. Les théories de gouvernement qu'on développe dans un pays peuvent en effet être utiles à tous; il ne s'agit que de leur enlever ce qu'elles ont de trop particulier et de les revêtir de formules assez générales pour que chaque nationalité puisse en faire l'application aux cas dans lesquels elle se trouve placée.

Ce besoin de fusion s'est formulé déjà dans les traités et s'est introduit en principe et en germe sous le nom d'équilibre européen : C'est la consécration du vœu de la paix. Ce fut dans le cours des guerres longues et cruelles de la Réformation que les peuples de l'Europe conçurent pour la première fois l'idée de fonder une alliance durable; elle leur fut suggérée par les maux extrêmes que leur faisait déjà la guerre, à une époque où ils commençaient à jouir des bienfaits de la civilisation et de l'industrie. La guerre avait enfanté le système de l'équilibre, et ce système est devenu le moyen qu'on a prétendu employer pour fonder la paix; mais il semble qu'il ne soit, en définitive, qu'une suite de l'esprit de guerre parvenu à une sorte de développement normal, de régularisation conventionnelle. L'effet de cet esprit n'est pas seulement de diviser les nationalités et les peuples; en même temps qu'il les rend ennemis, il les excite à se fortifier chacun de leur côté, à rallier mutuellement à leur cause le plus de monde possible, d'où il résulte qu'une querelle partielle tend sans cesse à se généraliser et peut devenir le germe d'une guerre universelle.

Voilà ce qui est arrivé en Europe, et c'est ainsi qu'est parvenu à s'y établir ce système de l'équilibre des puissances, qui n'est pour ainsi dire que l'état permanent d'hostilité d'une moitié de l'Europe contre l'autre moitié.

On a cru que la seule voie pour assurer la paix, c'était de partager également les forces, et on a fait de nouvelles répartitions dont la guerre est ou sera le dernier résultat. Enfin la poursuite d'un véritable équilibre européen a été de nouveau la pensée qui a présidé aux opérations de la dernière assemblée des puissances, le congrès de Vienne, base du droit international actuel.

On attribue communément deux objets à ce système : le premier est de maintenir la paix entre les puissances, en les réduisant à l'impossibilité de faire la guerre avec succès; le second est, sinon de les empêcher de faire la guerre, de les empêcher du moins de la faire avec assez d'avantage pour rendre les unes prépondérantes au détriment des autres.

Le système de l'équilibre est-il propre à remplir l'un ou l'autre de ces objets? Examinons d'abord s'il peut remplir le premier. Oublions trois siècles de guerres qu'il n'a point empêchées, ne le considérons qu'en lui-même et voyons si, par sa nature, il est propre à maintenir la paix.

Pour nous, nous concevons difficilement comment l'égalité de forces entre des peuples dont les intérêts se repousseraient, serait plus propre à les tenir unis et paisibles. Nous concevons difficilement comment des peuples qui seraient entraînés à la guerre par l'instinct de leurs passions, seraient détournés de leur penchant par cela seul qu'ils auraient des forces égales? Il nous paraît évident que cette égalité même, loin de refroidir leur ardeur, ne fera qu'exalter leur orgueil, irriter leurs ambitions et rendre à la fois leurs luttes plus fréquentes et plus meurtrières. Si en outre les mœurs populaires sont portées vers la passion des combats, si les hommes qui exercent le pouvoir refusent encore d'adopter et de suivre le progrès de la civilisation moderne, s'ils retiennent sous les dehors polis et brillants les habitudes de la vie militaire, s'il n'y a toujours à leurs yeux de métier vraiment noble que les armes, si pour eux la première qualité d'un souverain est d'être un grand donneur de batailles; si, pour les princes et leur noblesse, la guerre est encore le premier moyen d'illustration, nous le demandons, si telles sont, dans les divers États de l'Europe, les maximes et les mœurs des hommes en possession de la puissance, n'est-il pas dès lors évident que, de quelque manière que leurs forces se balancent, la guerre doit surgir tôt ou tard d'un tel état de choses?

Que voit-on, en effet, et que résulte-t-il d'un tel système? Trois ou quatre grandes puissances rivales s'efforçant, chacune de leur côté, de rallier autour d'elles le plus grand nombre de nationalités de second ordre, et aboutissant, en définitive, à scinder l'Europe. Puis chacune des confédérations augmente ses armées à l'envi l'une de l'autre, mettant sur pied des populations entières, accumulant des provisions de guerre, ruinant ses finances. Voilà le spectacle qu'offrent les nationalités européennes, cherchant leur sûreté dans l'équilibre.

Une telle situation n'est, en définitive, qu'une trève armée et ruineuse, une sorte de menace et de provocation continuelle, une paix enfin qui n'est qu'une nouvelle préparation à la guerre. Quelle que soit donc la manière dont les forces se combinent, quelles que soient les puissances entre lesquelles s'établit l'équilibre, il n'y a jamais qu'un temps d'arrêt entre les ambitions des princes, une trève sans sincérité pour les peuples. Les faits démontrent donc que le système de l'équilibre n'est pas plus propre à assurer l'intégrité des puissances continentales qu'à conjurer la guerre. Il élève les unes, il abaisse les autres; il en détruit d'anciennes, en crée de nouvelles; et s'il maintient une sorte d'indépendance entre les plus importantes, ce n'est qu'en retour des plus grands efforts et au prix des plus grands sacrifices.

Au nombre des choses qui doivent concourir à assurer la paix aux peuples, et aux gouvernements leur indépendance, il faut placer en première ligne la destruction des erreurs, des passions et des préjugés qui poussent à la guerre, et la propagation des idées qui portent à la paix ! Ce qui, en Europe, a mis un terme aux guerres privées de l'époque féodale, c'est l'extension progressive de l'industrie, à qui cet état de choses était à charge ; la même cause doit y faire cesser les guerres générales. Les arts et le travail se substitueront exclusivement un jour, sur le continent européen, à la destruction et à la conquête. Alors les guerres entre les Etats deviendront aussi odieuses que le furent jadis les guerres des seigneurs féodaux ; dès que cet esprit public aura modifié les mœurs et acquis assez d'importance pour comprimer les penchants belliqueux là où ils se manifesteraient, une barrière sera posée à l'esprit d'envahissement et de conquête.

Quoi qu'il en soit, le système établi sur les bases actuelles semble péricliter ; l'expérience a démontré qu'il ne saurait avoir la fixité qu'on lui supposait. L'Occident de l'Europe surtout subit à chaque instant une foule d'agitations convulsives qui déplacent les souverainetés, les nationalités elles-mêmes. Une sorte de malaise tourmente les gouvernements et les peuples ; les métropoles ont-elles oublié leurs devoirs de mère-patrie, c'est-à-dire l'empire tutélaire et protecteur qu'elles doivent exercer sur les territoires soumis à leur suzeraineté ? Est-ce à cette cause qu'il faut attribuer cette fièvre qui agite périodiquement les petits Etats et qui les pousse à conquérir leur indépendance ?

Pour moi, je suis loin de croire que scinder ainsi le territoire soit un progrès et un bien. Morceler les nationalités et les peuples, c'est les diviser et multiplier les chances de rivalités et de guerres.

La nationalité française s'est constituée en ramenant sous le même sceptre les provinces qui la morcelaient en autant de petits royaumes. L'unité européenne ne se fondera qu'en élargissant les limites qui la coupent, pour ainsi dire à chaque fleuve, à chaque chaîne de montagnes ; qu'en reculant aux démarcations les plus éloignées les nombreuses principautés qui en font actuellement une sorte d'échiquier avec ses divisions et ses subdivisions dangereuses ; en agglomérant enfin sous les mêmes influences les plus vastes territoires possibles.

C'est dire que je suis entièrement contraire à ces déclarations de droits qui séparent violemment les petits Etats du gouvernement dont ils sont les provinces, pour les soumettre le plus souvent à l'influence d'un autre gouvernement ; car changer de maîtres est le seul succès qu'ils se puissent promettre.

Je suis convaincu que toute scission de territoire est un pas en arrière dans la voie de la civilisation ; je suis convaincu que les plus vastes déliminations sont les meilleures par cela seul qu'elles embrassent un plus grand cercle et que l'unité et la fusion, but évident des sociétés humaines, ne se peuvent fonder progressivement que par l'absorption des petits Etats, par l'agrandissement protecteur des grandes nationalités.

L'Europe Occidentale s'agite depuis un demi-siècle d'une agitation convulsive, en dehors des lois rationnelles d'un mouvement régulier.

Cela n'est point un état normal ; ce n'est pas dans de pareilles conditions que le progrès des nations se développe ; cette situation est si violente qu'il ne me paraît pas douteux qu'elle soit transitoire, et les événements en sont venus à ce point qu'une solution paraît prochaine. Partout les complications les plus sérieuses semblent être arrivées à leur dernier terme.

Toutes les questions que les lenteurs et les prudences de la diplomatie ont ajournées, sont-elles sur le point de se résoudre ? Un nouveau remaniement de l'Europe est-il sur le point de se réaliser ? L'Islamisme et l'empire turc vont-ils disparaître, et l'élément chrétien ne va-t-il pas, sur cette

terre toujours destinée à des grandes choses, remplacer l'é-
rément mahométan ? La Russie va-t-elle étendre son bras
de géant et poser bientôt dans Constantinople, devenue sa
capitale, le siége d'un nouvel empire d'Orient, puis frapper
au cœur dans les Indes, la puissance de l'Angleterre ?

Oui, l'entreprise impossible que Napoléon Ier rêva, lorsque d'insurmontables obstacles devaient en arrêter infailli-
blement le succès, lorsque nul appui n'était promis à ses
armées perdues à huit cents lieues de leur patrie, lorsque
l'Europe tout entière protestait en armes contre lui, lors-
qu'enfin, pour atteindre le colosse de la puissance anglaise
dans les Indes, il fallait renverser en passant cet autre colosse de la Russie, avec ses profondes lignes de Tartares,
ses déserts et ses glaces, cette entreprise, dis-je, alors in-
sensée était, je le pense, promise à d'autres temps, et à des
peuples que leur position géographique semble appeler à
ces destinées.

L'Angleterre, cette terre punique de la cupidité sans foi,
cette Bourse de marchands sans entrailles, n'est-elle pas
parvenue à ce point d'immoralité, d'égoïsme cynique, qui
marque la décadence subite des peuples, arrivés, par je ne
sais quel jeu de la Providence, à l'excès de la prospérité
matérielle, par l'excès de leurs iniquités et de leurs vices?

Le jour où le tzar tiendra conseil à Constantinople, ce
jour-là, l'Angleterre armera inutilement ses vaisseaux pour
s'ouvrir le chemin de ses lointaines conquêtes ; ce jour-là la
banqueroute ouvrira sous ses pas son gouffre immense ; l'Irlande, ce spectre en haillons, se dressera contre elle et demandera compte à l'aristocratie anglaise, de plusieurs siècles d'oppression et de misère; ce jour-là le glas de l'Angleterre aura sonné.

Il y a des événements qui sont écrits à chaque pas de
l'histoire, qui découlent nécessairement des événements
passés, qui semblent leur suite logique, leur conséquence
inévitable. Que la Russie déborde vers Constantinople,

qu'elle soit appelée à absorber l'empire mahométan ; que ses populations s'étendent et descendent comme par une pente naturelle, du nord au littoral qui borde la mer Noire et le riche bassin de l'Archipel ; que la civilisation évangélique représentée en Turquie par quinze millions de chrétiens industrieux soumis à la domination du cimeterre, soit destinée à remplacer l'aveugle civilisation de l'Islamisme, qui n'a que le dogme de la fatalité pour prévoyance ; cela ne me paraît pas douteux.

Nulle force humaine ne pourra refouler ce flot immense qui se déroule avec lenteur, mais avec une puissance toujours accrue. La Russie s'écoule du septentrion au midi comme un fleuve s'écoule vers la mer. Elle est forte de l'unité, de la contiguité de son territoire ; sa position géographique seule est une continuelle menace contre l'Angleterre, tremblante au moindre événement qui vient modifier les traités ; qu'il ne lui faille livrer bataille pour traverser l'isthme de Suez, ou pénétrer à l'embouchure de l'Euphrate. Les ruses de la diplomatie anglaise ne réussiront qu'à reculer le péril ; elle ne peut avoir que des alliances transitoires, parce que ses prétentions à monopoliser le commerce du globe doivent nécessairement isoler sa politique.

L'alliance Franco-Russe au contraire est sans péril pour nous comme pour la Russie. La distance qui sépare ces deux États leur permet d'étendre leurs influences autour d'eux sans se nuire ni se menacer réciproquement. Le jour où la Russie, appuyée sur l'alliance française, occuperait Constantinople et descendrait sur le bord de l'Euphrate pour disputer le passage à l'Angleterre et envahir ses possessions indiennes, ce jour-là, la guerre soutenue simultanément par les deux puissances contre la Grande-Bretagne aurait ses résultats certains.

Alors pour compenser l'agrandissement de la Russie, la France reculerait son territoire, au Nord jusqu'au Rhin, ses frontières naturelles ; les traités nouveaux lui garantiraient la Belgique, le littoral d'Alger, l'Egypte, Malte, l'île de France, les îles Ioniennes, enfin Gibraltar, cette clef des deux mers. L'Angleterre ne serait plus dès lors. Je me trompe, elle serait encore, mais province française.

Ainsi l'Orient à la Russie ; à la France l'Occident ; deux vastes empires liés par une alliance véritable et sans arrière-pensée, parce qu'elle n'entraverait nullement les développements de l'un ni de l'autre ; la France fortement assise sur les deux mers constituant le faisceau de sa formidable unité continentale, entre les Alpes, le Rhin, les Pyrénées qui devraient alors nécessairement s'abaisser devant notre influence selon la politique de Louis XIV ; la France, dis-je, aurait, je le crois, une position géographique préférable encore à la position de la Russie ; si cette dernière avait Constantinople, nous aurions Gibraltar ; si la Russie possédait un plus vaste territoire continental, nous aurions, nous, des ports et des forteresses sur les deux mers. Dans ce système, (l'Autriche) l'Allemagne et la Prusse qui pourraient l'une et l'autre s'agrandir d'un débris détaché, soit de l'empire Turc, soit des nombreuses colonies anglaises, séparerait utilement par un vaste territoire les deux grands empires d'Orient et d'Occident, interposeraient leur médiation puissante par le poids immense que leurs concours pourrait jeter dans la balance ; enfin, l'intérêt de leur existence et de leur prospérité les ferait nécessairement tendre à maintenir un équilibre européen, que le morcellement actuel et les prétentions iniques de l'Angleterre me font considérer comme impossible aujourd'hui.

Le seul obstacle à la pacification à peu près définitive de l'Europe, est le monopole commercial anglais ; il faut qu'il périsse ou qu'il absorbe toutes les voies de prospérité qui sont sur le globe ; qu'il les absorbe au détriment, à l'exclusion de tous les autres peuples. Telle a toujours été, telle est encore son invariable politique. C'est un système anti-civilisateur, anti-humain, anti-chrétien. Tout homme qui

pèse et déduit les conséquences logiques de la situation ac-
tuelle, arrivera, je crois, à cette conclusion : *Ruine immi-
nente de l'influence anglaise.* Sur ces ruines, j'édifie un système de civilisation industrielle qui ne restreint nulle part
les développements d'aucun peuple, j'ouvre le libre passage des deux mers, j'abolis les douanes, j'institue dans
chaque royaume un ministère spécial de commerce ; ils
correspondraient entr'eux de manière à combiner les moyens
d'organisation du travail, à éclairer les intérêts de l'industrie, à éviter les encombrements, à mettre en équilibre dans
les limites possibles, la consommation et la production.

J'offre à l'exubérance des populations ouvrières des dé-
bouchés importants par l'entreprise de grands travaux
combinés *européennement.* Je joins les mers à travers les
isthmes de Panama et de Suez ; enfin, je reconstitue la paix
après avoir traversé la guerre ; j'elargis le cercle de l'unité
européenne, en reculant dans de plus larges limites l'action
et l'influence des grands centres de civilisation ; je récons-
titue la morale religieuse en exerçant le jugement de Dieu
sur la nation en qui se sont personnifiés de nos jours le ma-
térialisme et cet esprit de mercantilisme judaïque, plaie de
notre époque ; *virus* qui s'infiltre dans les veines d'un peuple, pour empoisonner les sources généreuses de la vie.

C'est à ce prix que doit être la régénération européenne
sous le triple rapport social, commercial, religieux.

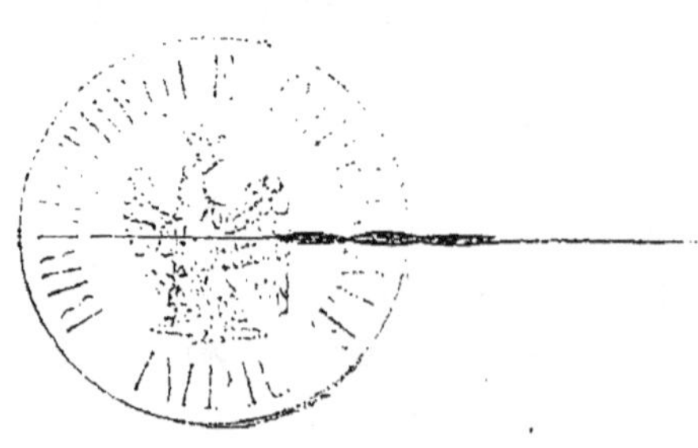